Elisha Ben Yeshoua

Une politique migratoire public et de la nationalité au Canada

Elisha Ben Yeshoua

Une politique migratoire public et de la nationalité au Canada

L'immigration et sa force dans un pays

Dictus Publishing

Imprint

Cover image: www.ingimage.com

Publisher:
Dictus Publishing
is a trademark of
International Book Market Service Ltd., member of OmniScriptum Publishing Group
17 Meldrum Street, Beau Bassin 71504, Mauritius
Printed at: see last page
ISBN: 978-613-7-35557-2

Elisha Ben Yeshoua.

Une politique migratoire public et de la nationalité au Canada

L'immigration et sa force dans un pays

Une politique migratoire public et de la nationalité au Canada

L'immigration et sa force dans un pays

Introduction

Plusieurs pays se posent la question de savoir comment rendre leur immigration forte et comment cette dernière pourrait-elle apporter véritablement au pays et à son économie.

Le Canada, l'un des pays où l'immigration est forte, recherche toujours une politique dans ce sens permettant un véritable apport au niveau de sa croissance économique et de la stabilité de cette dernière.

Mais quelle(s) concession(s) sont prêtes à faire les nations pour atteindre l'objectif ?

Quelle(s) politique(s) sont-elles prêtes à mener pour donner à leurs terres de connaitre une stabilité et une croissance au niveau de l'économie de par l'apport migratoire ?

L'immigration peut-elle être un outil de croissance ou de développement ?

L'immigration est-elle un apport réel et apporte-t-elle réellement ?

Les politiques actuelles sont-elles bien appréhendées et le sont-elles en fonction de l'époque que les nations traversent ?

Existe-t-il différents types d'immigrations dans la politique menée par le Canada et/ou par les nations ?

Peut-on faire migrer une personne en ayant des choix très vastes ?

Mène-t-on la politique migratoire dans ce sens ?

Une politique migratoire public et de la nationalité au Canada

L'immigration et sa force dans un pays

Le Canada est-il prêt à mettre sur pieds une politique migratoire sans limite ?

Le Canada peut-il s'orienter vers une politique migratoire qui ouvre la porte à tous les types de profils pouvant apporter à l'économie canadienne ?

L'immigration canadienne peut-elle s'ouvrir au secteur public tout comme elle l'est pour le secteur privé ?

Les services publics du Canada n'ont-ils pas, tout comme le privé, besoin de forces issues de l'immigration ?

La politique de la citoyenneté peut-elle évoluer et être accessible depuis l'étranger ou dès l'entrée sur le territoire du Canada ?

Une immigration peut-elle devenir forte au Canada par l'élargissement de cette dernière au niveau des services publics ?

Une politique migratoire public et
de la nationalité au Canada
L'immigration et sa force dans un pays

TABLE

Une politique migratoire public et de la nationalité au Canada

L'immigration et sa force dans un pays

L'immigration est l'unique porte d'entrée sur un pays.

Alors, pourquoi ne pas rendre cette dernière aussi flexible que possible afin de récolter un apport massif pour le développement et la force économique ? Pourquoi limiter une immigration lorsque cette dernière a des capacités et des compétences recherchées ?

Une politique migratoire public et de la nationalité au Canada
L'immigration et sa force dans un pays

La question de l'apport migratoire dans les nations

Plusieurs pays se posent la question de savoir comment rendre leur immigration forte, comment cette dernière pourrait-elle apporter véritablement au pays et à son économie et par la même occasion craignent que cette immigration ne soit une faiblesse, n'apporte rien au niveau économique et ne soit contraire à leur(s) attente(s).

Ces deux pensées se bousculent depuis des générations et deux pôles se font la guerre ou combattent afin que l'immigration tourne selon leur(s) dessin(s) ou projet(s).

Le premier bloc trouve que l'immigration n'est pas source d'exaltation pour le pays que ce soit au niveau de l'État, culturellement, sur le plan religieux, en matière de langue(s), aux niveaux des traditions, en matière économique ainsi qu'au niveau de l'identité, d'appartenance, sur le plan de la sécurité, …

L'autre bloc trouve que l'immigration est un apport incontournable dans le maintien de la prospérité ou de la force économique du pays et même culturellement. Etc.

Opposés depuis la nuit des temps, les deux groupes ne cessent de clamer haut et fort leurs désaccords ainsi que leur volonté d'imposer leur vision de l'immigration.

L'immigration comprise par chacun différemment se retrouve au milieu de cette foule qui essaie de lui dire ce qu'elle est ou ce qu'elle n'est pas, ce qu'elle a ou ce qu'elle n'a pas, ce qu'elle peut ou ce qu'elle ne peut pas, ce dont elle est capable ou ce dont elle n'est pas capable.

La question est très complexe puisque d'une part l'immigration peut être utilisée pour renverser une économie et de l'autre elle peut l'être pour faire vivre une économie.

Ainsi, apporte-t-elle ou non aux nations dans lesquelles elle se déploie ?

Ainsi, donne-t-elle ou non au milieu des peuples où elle vit, cette immigration ?

Son apport est sans contexte très complexe car il mélange mélancolie et gaité ; force et faiblesse ; finesse et indélicatesse…

Les politiques qui se succèdent peuvent citer et même présenter un nombre élevé d'apports et de non apports, mais il n'en demeure pas moins que l'immigration apporte à son niveau que ce soit de bonnes ou de moins bonnes choses.

L'immigration apporte ce qu'il faut, mais aussi ce qu'il ne faut pas.

L'immigration donne ce qu'elle a comme ce qu'elle n'a pas.

L'immigration prend ce qu'il ne faut pas, mais aussi ce qu'il faut.

L'immigration ouvre là où il faut, mais aussi là où il ne faut pas.

L'immigration parle quand il faut, mais aussi quand il ne faut pas.

L'immigration gravit les échelons lorsqu'il le faut, mais aussi lorsqu'il ne faut pas.

Une politique migratoire public et de la nationalité au Canada

L'immigration et sa force dans un pays

L'immigration marche quand il faut, mais aussi quand il ne faut pas .

L'immigration mange sans apporter, mais aussi mange en apportant

L'immigration grandit en utilisant les instruments existants, mais aussi sans utiliser les instruments existants.

L'immigration sert à détruire, mais aussi à bâtir.

L'immigration vient construire, mais aussi démolir.

L'immigration à une double face et deux odeurs.

L'immigration a deux politiques celle de la nation qui l'accueil et celle de la nation d'où elle vient.

L'immigration est en plein essor et souvent elle disparait comme si jamais elle n'avait pas exister.

Elle est l'apport mais aussi le non-apport.

Elle est la venue, mais aussi le non-venue.

Elle est pour l'élévation, mais aussi pour le rabaissement.

Elle grandit lorsque tous n'y arrivent pas et elle ne grandit pas lorsque tous y arrivent.

Elle est tantôt verte, tantôt bleue, tantôt noire, tantôt blanche, tantôt rouge tantôt violette…

Elle n'a pas de marque, mais a entre ses mains une marque.

Elle n'est pas bavarde, mais parle.

Elle n'est pas pauvre, mais s'appauvrit.

Elle n'est pas élevée, mais s'élève.

Une politique migratoire public et de la nationalité au Canada

L'immigration et sa force dans un pays

Elle n'est pas positionnée, mais se positionne.

Son apport est souvent très mal appréhendé et même très mal connu. Car l'immigration ne se plaint pas et ne se révolte pas même quand elle est forte au milieu d'un peuple.

Elle fait son chemin comme si de rien était.

Lorsque vous constatez que l'immigration a grandi, en fait elle n'est plus et lorsque vous constatez qu'elle ne croit pas, en fait elle est enracinée profondément dans tout le territoire qu'elle occupe.

Il est difficile de comprendre l'immigration ainsi que son apport du fait de sa dualité en termes d'investissements ou autres.

Elle n'est pas sur un fil conducteur réel et n'est pas conduite non plus.

Elle est tout simplement une immigration.

Une politique migratoire public et de la nationalité au Canada
L'immigration et sa force dans un pays

L'apport de l'immigration au Canada

Le Canada, l'un des pays ou l'immigration est forte, recherche toujours une politique dans ce sens permettant une véritable contribution au niveau de sa croissance économique et de la stabilité de cette dernière.

Quel est l'apport de l'immigration au Canada.

Il est le plus souvent clamé haut et fort que ce pays tire ses origines de l'immigration et que l'immigration est l'élément qui permet au Canada de se distinguer de toutes les autres nations.

Mais est-ce vrai ?

L'immigration apporte-t-il réellement ?

L'immigration est-elle un élément à valeur ajoutée élevée ?

L'immigration a t-elle une grande importance comme il se devrait ?

L'immigration est-elle reconnue comme il faut ?

L'immigration a-t-elle la place qu'il faut au sein de cette terre ?

L'immigration est-elle bien accueillie selon les dires de tous ?

L'immigration a-t-elle une force et est-elle fortement représentée au Canada ?

L'immigration est-elle connue comme elle doit être ?

Quel est cet apport de l'immigration au Canada ?

Quel est ce rôle que joue l'immigration au Canada

Divers domaines peuvent être présentés et nous pouvons nous poser des questions concernant l'apport des migrants.

Au niveau de l'uniformisation de la croissance dans le pays, du développement de la diversité économique au sein de chaque province et territoire et de la décroissance du chômage, quel est l'apport de l'immigration au Canada ?

Concernant les préoccupations des canadiens par rapport aux relations sociales, politiques et économiques avec les États-Unis, quel est l'apport de l'immigration au Canada ?

Concernant les litiges que ce soit avec le Brésil (les problèmes au niveau des compagnies productrices d'avions) ou avec l'Espagne (les problèmes en lien avec la pêche dans les eaux de Terre-Neuve-et-Labrador), quel est l'apport de l'immigration au Canada ?

Concernant l'ALENA ou la zone de libre commerce canada/Etats-Unis/Mexique, la plus grande au monde, ses bénéfices, ses avantages, sa capacité à faire transiter de nombreuses marchandises ou des biens , et sa stabilisation ou sa croissance, quel est l'apport de l'immigration au Canada ?

Concernant les investissements entre les Etats-Unis et le Canada, quel est l'apport de l'immigration au Canada ?

Concernant la coopération économique pour l'Asie-pacifique ou du partenariat du G5, G6, G7, G8..., quel est l'apport de l'immigration au Canada ?

Concernant la promotion, l'appui au commerce, l'investissement et la

stabilisation des relations entre le Canada, la Russie et l'Eurasie, quel est l'apport de l'immigration au Canada ?
Concernant l'accroissement de la population active au Canada, quel est l'apport de l'immigration au Canada ?
Concernant les revenus ou inégalités au travail que ce soit par rapport au sexe ou à l'âge ou autres éléments, quel est l'apport de l'immigration au Canada ?
Concernant le secteur tertiaire : le transport, le tourisme, l'énergie, les services publics, les services gouvernementaux, les télécommunications, le commerce de gros et de détail, les eaux douces, les sociétés de services, quel est l'apport de l'immigration au Canada ?
Concernant le secteur primaire : l'agriculture, l'élevage, la pêche, la sylviculture, quel est l'apport de l'immigration au Canada ?
Concernant le secteur secondaire : les activités de manufactures, de construction, l'industrie minière… quel est l'apport de l'immigration au Canada ?
Concernant la gestion des entreprises ou la création ou repise d'entreprise(s), quel est l'apport de l'immigration au Canada ?
Concernant les instruments de paiements, leur amélioration, leur performances, leur vulgarisation, leur croissance, la politique les concernant, le marché, les règlementations, leur réévaluations, quel est l'apport de l'immigration au Canada ?
Concernant les politiques bancaires ou en lien avec le secteur bancaire, quel

est l'apport de l'immigration au Canada ?

Concernant l'endettement des ménages canadiens, très élevés d'ailleurs, quel est l'apport de l'immigration au Canada ?

Concernant l'amélioration de la politique budgétaire du Canada, quel est l'apport de l'immigration au Canada ?

Concernant l'histoire du Canada sur le plan économique (car de la chasse et le commerce de fourrure à ce jour, des pages ont été écrites), quel est l'apport de l'immigration ?

Concernant l'amélioration du PIB du canada, quel est l'apport de l'immigration au Canada ?

Pour ne citer que ces éléments qui sont purement économiques, quel est l'apport de l'immigration au Canada ?

Il existe encore d'autres domaines tel que l'environnement, les langues, la gastronomie, la gouvernance local ou même fédérale, les relations entre les autres pays et le Canada, le système judiciaire canadien …

Tous ces domaines requièrent une contribution qu'elle soit des populations qui accueillent ou de celles qui sont accueillies.

Mais la question qui se pose est l'apport de ces populations qu'on doit accueillir au Canada.

Voici le véritable questionnement.

On ne peut pas accueillir parce qu'il faut accueillir.

l'immigration ne doit pas être lorsque cette dernière ne vient pas apporter.

Une politique migratoire public et de la nationalité au Canada

L'immigration et sa force dans un pays

Si vous n'apportez pas, comment pouvez-vous participer pleinement à la force de construction ?

Car qui construit à un apport quel qu'il soit et peu importe la couleur.

On ne peut pas bâtir le Canada avec une immigration qui est sans apport.

Les premières routes qui ont été tracées l'ont été par un apport des premières personnes qui ont migrées sur cette terre du Canada.

Et les routes qui ont suivi sont l'œuvre d'autres migrants.

Alors, où est l'apport des migrants qui viennent au Canada ?

C'est une véritable question à laquelle nous devons répondre.

Nous ne venons pas dire qu'il faut saisir chacun par les colles et lui poser la question concernant ce qu'il apporte ou non au Canada, mais nous disons que la réflexion sur le véritable apport de l'immigration est nécessaire à la construction d'une politique durable et qui ne fragilise pas ce qui l'est déjà.

L'apport est un élément essentiel à toute bâtisse.

L'apport est un élément que nous avons besoin d'intégrer en tant que migrants, mais aussi en tant que peuples accueillants ou politique d'accueil.

Nous devons quantifier l'apport, le mesurer qualitativement afin qu'il devienne bénéfique non pas que pour le canadien, mais aussi pour le migrant.

Car un migrant sans apport est un migrant en désaccord avec nos principes, nos valeurs et même l'évolution du Canada.

Car qui n'apporte pas ne bâtit pas, mais déconstruction la bâtisse.

Qui n'apporte pas effrite les murailles.

Une politique migratoire public et de la nationalité au Canada

L'immigration et sa force dans un pays

Et jour après jours le non-apport fait tomber tout l'édifice.

Le pays est un édifice, le pays un grand fort, le pays est un grand rempart qui se construit depuis des siècles.

Mais comment pouvons-nous nous assurer que cette dernière dure encore et encore et toujours après nous et même pendant nous, lorsque ceux qui y viennent et l'habitent ne sont pas en accord total, du fait que les uns en possèdent tandis que les autres n'en possèdent pas ?

Or si l'immigrant doit se positionner au Canada c'est avant tout parce qu'il possède même si en face de lui le canadien aussi possède ou même ne possède pas.

Un canadien peut ne pas posséder et cela reste quelque chose de naturelle et même qui peut arriver.

Mais un immigrant qui arrive en disant qu'il ne possède pas, comment pouvons-nous lui octroyer ce qui pourrait appartenir aux fils qui sont là depuis et qui n'arrivent même pas à s'en sortir ?

Nous créons ainsi de la tension et de la division dans nos rangs et dans toute notre atmosphère économique.

Du simple fait que l'immigration ne soit pas un instrument ou ne vienne pas avec un élément entre ses mains est déjà un danger pour le canadien ou pour le peuple du Canada.

Lorsqu'on vous invite, la moindre des choses est de rapporter quelque chose même si c'est un simple bol d'eau ou même un tout petit pot de fleur.

Une politique migratoire public et de la nationalité au Canada

L'immigration et sa force dans un pays

L'invité qui ne rapporte pas ou qui n'apporte pas peut-il vraiment faire les choses avec franchise, lorsqu'il sait qu'il ne possède rien sur la table sur laquelle il est invité ?

Non.

Et là où il n'y a pas de franchise là commence les difficultés de toute économie quelle qu'elle soit.

L'économie a besoin de franchise pour naitre, vivre, croitre, s'épanouir et rester.

Et cette franchise vient d'un apport commun, mais et surtout d'un apport nécessaire de l'âme etrangère qui prend place dans cette économie qui lui est inconnue et qu'elle va posséder ou essayer de posséder tout en l'améliorant de par son apport.

Une politique migratoire public et de la nationalité au Canada

L'immigration et sa force dans un pays

Les politiques des nations partagées entre l'inacceptable et l'acceptable en thème d'immigration

Mais quelle(s) concession(s) sont prêtes à faire les nations pour atteindre l'objectif ?

Quelle(s) politique(s) sont-elles prêtes à mener pour donner à leur terre de connaitre une stabilité et une croissance au niveau de l'économie de par l'apport migratoire ?

Ceci peut se faire, mais par cela !

Nous pouvons accepter ci, mais pas ça !

Nous pouvons octroyer ci, mais pas ça !

Nous sommes prêts à donner ceci, mais pas cela !

Nous sommes prêts à accorder ceci, mais pas cela !

L'immigration a différents visages et les gouvernants ou dirigeants veulent ou attendent un certain visage de cette immigration.

Mais pouvons-nous donner à un visage d'être ce qu'il n'est pas parce que tout simplement nous attendons qu'il soit tel que nous le voulons ?

Pouvons-nous partir d'un rien et obtenir un visage selon nos convenances ?

Une immigration ne ressemblera jamais à ce que nous attendons ou espérons puisque dans son origine même l'immigration est totalement différente de ce que nous avons vu ou voyons.

Une politique migratoire public et de la nationalité au Canada

L'immigration et sa force dans un pays

Lorsqu'une immigration cadre parfaitement avec ce que nous attendons d'elle, alors elle n'est plus une immigration, elle est tout simplement un mouvement de vol, de kidnapping, et qui a pour but de nous arracher tout ce que nous possédons comme économie.

Une immigration doit entrer avec ce qu'elle est et devenir un outil formidable d'évolution pour la nation dans laquelle elle se trouve et non le contraire.

Une immigration ne doit pas arriver toute déjà bien faite et comme nous la voulons, telle que nous l'espérons.

Nous devons comprendre que toute immigration a et est une histoire et que toute histoire a eu et conserve toujours des impacts positifs ou négatifs sur son porteur.

Et ces impacts doivent d'abord s'estomper avant de pouvoir obtenir quelque chose de la personne ou quelque chose que nous espérons.

Nous voulons tout de suite et directement obtenir de l'immigration l'apport sans même comprendre que l'immigration ne vient pas sans intérêts ni blessures ou désires etc.

La nation qui fait appel à l'immigration doit être comme une terre qui reçoit une graine en son sein.

Elle doit laisser la graine mourir, e décomposer et commencer à devenir une plante qui portera du fruit qui profitera.

Mais avant même que la graine ne meurt, nous voulons déjà qu'elle porte du fruit.

Une politique migratoire public et de la nationalité au Canada

L'immigration et sa force dans un pays

Avant même que la graine ne devienne un arbre, nous attendons qu'elle nous donne du fruit.

Mais comment cela peut-il se faire ?

Comment une graine qui a vocation à devenir une plante peut-elle nous donner du fruit tandis qu'elle n'est pas encore une plante ?

C'est impossible.

Il faut d'abord que cette graine qui est mise en terre se transforme et commence à devenir cette plante qui va avec le temps donner des feuilles et ensuite des fruits comme nous l'attendons ou l'espérons.

Il faut comprendre les choses ainsi.

Est-ce à dire qu'une immigration ne peut pas être profitable dans l'immédiat ?

Oui, une immigration ne pas être opérationnel immédiatement ou dès qu'elle arrive même si elle montre des signes notables.

Une immigration ne peut commencer à être profitable ou être un apport que dès lors qu'elle meurt en elle-même et commence à amorcer le processus de développement d'une nouvelle personnalité et c'est cette personnalité qui pourra apporter au pays tout entier.

Il n'est pas question de l'incapacité de l'immigration.

Non, ce n'est cela dont il est question.

Nous parlons du fait qu'une immigration ne peut pas être efficace dès son entrée dans le territoire ou sur le territoire.

De tous temps l'immigration a d'abord pris le temps de s'enraciner et ensuite se développer et ensuite porter des fruits et cette politique n'est pas acceptable ou reste difficilement acceptable dans les nations.

Les politiques veulent que l'immigration puissent apporter directement et comme elles veulent.

Mais cela finira par créer un contre effet ou un apport contraire à ce que nous espérions.

Car l'immigration est un investissement, un investissement politique que fait toute nation.

Comment pouvez-vous investir et prendre cet investissement comme si c'en était pas un ?

Il faut comprendre l'immigration comme un investissement et un investissement à long terme.

C'est le terme exact.

L'immigration est un investissement à long terme.

A long terme, parce qu'elle doit s'acclimater à la culture, à l'environnement, au climat, à la langue, à l'économie, à la nourriture, aux caractères, aux lois, à la politique, à l'eau, à la marche de la nation, aux mœurs des peuples et de la nation ou elle se trouve, au style vestimentaire etc.

Il n'est pas possible d'obtenir des fruits dès que l'immigration arrive.

Et plus nous mettrons du temps à donner à cette immigration de s'adapter, plus elle mettra du temps à porter du fruit ou être un apport pour le pays.

Dans chaque nation, l'immigration est présente et une politique est mise en place en fonction .

En générale les nations adoptent les politiques migratoires suivantes : économique, familiale, étudiant et refugié.

le motif le plus viable est l'immigration liée à l'économie, mais cette immigration est loin d'être celle qui a du succès et même elle est loin derrière les autres et ne fait que baisser.

L'immigration économique est une immigration choisie.

Mais pourquoi cette immigration choisie n'arrive-t-elle pas à être un apport très fort par rapport aux autres types d'immigrations ?

Est-ce parce que le choix est mauvais ?

Ou est-ce parce que les politiques sont partagées entre le choix d'un cadre ou celui d'un l'ouvrier, entre celui de la personne en provenance d'un pays dit pauvre ou celui d'un pays dit puissant, entre les multinationales ou les petites et moyennes entreprises, entre les cartes de séjours temporaires salariées ou non … ?

Le motif qui vient juste après est celui lié aux études et ce dernier est très complexe du faut que les étudiants viennent étudier et doivent repartir chez eux .

Mais que venons-nous étudier et que rapportons-nous chez nous ?

Du fait déjà que l'économie dans chaque nation soit différente comment un étudiant peut-il aller chercher la solution ailleurs ?

A moins qu'il ne veuille juste compléter ou apprendre davantage afin d'accroitre sa connaissance ou ses connaissances.

Et même s'il voulait accroitre ses connaissances, qu'apporte-t-il au pays qui le reçoit en retour ?

Les nations sont partagées sur cette question et n'arrive pas à être très précises sur la politique à mener.

Apport ou pas apport dans le cadre de l'immigration des étudiants ?

Pourquoi vais-je aller étudier dans un pays sans apporter ou y apporter quoique ce soit ?

Souvenons-nous que l'économie est investissement, quel que soit le visage qu'il prend.

Et si l'immigration est un pan de l'économie, elle doit être un investissement véritable donc qui a vocation à rapporter et non à perdre.

Combien rapporte l'immigration des étudiants dans les nations ?

Combien rapporte l'immigration des étudiants aux États ?

Combien rapporte-t-elle à la nation du Canada ?

Le Canada a-t-il déjà eu une montée en puissance de ces caisses ou de ses revenues par rapport à l'immigration des étudiants ?

Les nations sont partagées entre les relations avec les autres nations et la politique réelle de l'immigration des études ou pour études.

Si un étudiant vient étudier pour ensuite retourner chez lui, où est-ce que

nous gagnons en tant que canadiens ?
Si un étudiant doit venir étudier et retourner dans son pays sans avoir fait quoique ce soit pour le Canada où est l'intérêt ?

L'immigration des refugiées, caque-tète pour les nations et gouvernants est une autre politique migratoire.
La question qui se pose est : doit-elle être réduite ou non ?
Doit-elle être supprimée ou non ?
Comment doit-elle se présenter ?
Lorsqu'un refugié est accepté sur une terre, doit-il aider à apporter la vie ou doit-il juste être une personne qui vient pour apporter la mort ?
Doit -il se préparer pour aller dans son pays lorsque tout se mettra en ordre afin d'y apporter ou doit-il plutôt être un porte flambeau du pays qui le reçoit dorénavant ?
Doit-il être une voix du pays qui le reçoit dorénavant ou doit-il se préparer à retourner d'où il vient ou est venu lorsque tout ira mieux chez lui et revenir à nouveau lorsque tout se renversera dans son pays d'origine ?
Une immigration de refugié ne doit pas être un jeu de cache-cache ou un instrument qui permet de se cacher puis ensuite retourner sur le terrain de jeu.
Mais elle doit être avant tout une immigration qui apporte au pays qui l'accueille en tant que refugié.

Une politique migratoire public et
de la nationalité au Canada
L'immigration et sa force dans un pays

Elle doit apporter plus qu'elle ne le projetait dans son propre pays .

Rappelons qu'être immigré refugié c'est avant tout le fait que vous répondez, en 2020 à trois fondements :

- *la convention de Genève relative au statut de réfugiés du 28 juillet 1951. Un statut en lien avec les persécutions en raison de ses opinions politique, son ethnique, sa religion, sa race etc.*
- *l'asile dit constitutionnel, qui tire son origine de l'alinéa 4 du préambule de la Constitution de 1946, qui concerne « toute personne persécutée en raison de son action en faveur de la liberté » ;*
- *le mandat du Haut-Commissariat des Nations Unies pour les Réfugiés (HCR) : si vous avez été reconnu réfugié par le HCR sur la base des articles 6 et 7 de son statut.*

Lorsque le refugié se voit accorder son statut, devient-il un nouvel ambassadeur du pays qui l'accueil ou cherche-t-il les voix et moyens pour retourner chez lui ou dans un autre pays afin d'exercer dans le même contexte qui l'a conduit dans son état primaire ?

Une personne est en fuite et arrive chez vous.

Que fait vous ?

Vous l'accueillez ou lui fermez-vous les portes ?

Bien sûr que vous l'accueillez.

Mais lorsque vous l'accueillez, vous ne lui accordez pas juste asile, mais il faut aller plus loin et donner à cette dernière de devenir plus qu'un refugié

qui est accueilli, une personne qui participe à l'évolution du pays qui l'accueille.
Cela veut dire que si le Canada a accueilli 30 000 réfugiés en un année, il a un potentiel de 30 000 ambassadeurs pour le Canada.

Le dernier motif familial demande que le l'immigré soit enfant, conjoint, parent, ou autre d'une personne vivant sur le territoire.
Est-ce à dire qu'un flux aussi important soit-il pourrait être accueilli dans le pays du fait qu'il a un parent ou de la famille ?
Et aucune politique n'arrive vraiment à peaufiner cette loi ou à donner une véritable vision ou direction à ce type d'immigration.
En fin de compte, il se fait au bon vouloir des autorités compétentes.
Mais lorsqu'une immigration se fait au gré des autorités compétentes, est-elle une politique migratoire ou plutôt une certain type de sectarisme déguisé en stratégie politique ?
Et aucune nation n'arrive à fixer les règles véritables.
Aucune n'arrive à dire ce qu'elle attend réellement de l'immigrant qui arrive dans son territoire dans ce cadre-là.
Aucune.
Les politiques créent une soi-disant loi et essaient de se donner bonne conscience.
Une loi doit se planifier et pouvoir se dérouler au fil des années et des

circonstances tout en étant très précise et non ambigüe.

Soit c'est l'économie que nous cherchons à faire croitre soit nous ne savons pas ce que nous voulons .

Aucune nation, le Canada y compris, n'arrive à accepter ou à ne pas accepter.

Tous les profils ne se ressemblent pas, mais l'économie qui accueille tous les profils doit de son côté être claire.

L'ambiguïté crée de l'ambigüité.

Une politique migratoire non claire apporte une immigration non claire.

Une politique migratoire non fixée sur un objectif, fait venir vers nous une immigration non fixée sur un objectif.

Et lorsque les intérêts ne sont pas celui des canadiens, comment pouvons-nous créer quelque de bon pour le Canada ?

Les politiques des nations partagées entre l'inacceptable et l'acceptable en thème d'immigration doivent évoluer en une politique qui fixe un véritable objectif, celui d'apporter à l'économie qui reçoit.

Une politique migratoire public et de la nationalité au Canada

L'immigration et sa force dans un pays

L'évolution migratoire face aux politiques d'immigrations

Les politiques actuelles sont-elles bien appréhendées et le sont-elles en fonction de l'époque que les nations traversent ?

L'immigration est un système qui évolue tout comme tout système existant. Non pas qu'il soit organisé et dirigé par une structure ou par une personne, mais c'est un ensemble de réseau(x) ou de lien(s) qui s'entremêlent ou souvent se divisent pour arriver à leur fin.

Devant l'obstacle elle se mue et devient une immigration soit verte, rouge, blanche, grise, noire ou même prend des formes diverses et étranges.

Elle n'est pas née d'hier cette manière qu'a l'immigration de se déployer ou de se métamorphoser.

L'immigration se donne une allure et une posture différente en fonction du mur ou de la barrière qu'elle rencontre.

Lorsque devant elle il n'y a aucun obstacle, elle ne change pas et garde le même format ou la même structure de déploiement.

Mais dès lors qu'en face il y a comme un frein à son évolution et sa marche elle devient cet ouragan géant qui peut et essaie de passer de force pour atteindre son objectif.

Nous ne disons pas que l'immigration est violente ou est une élément violent, mais nous disons que l'immigration peut se transformer en un temps record et peut souvent être et même est toujours en avance par rapport aux nations qui l'attendent.

Lorsque les nations attendent l'immigration à droite, elle est déjà à gauche et lorsque les nations attendent l'immigration à gauche, elle est déjà à droit. Lorsqu'elles l'attendent par devant elle déjà par derrière et lorsqu'elles l'attendent par derrière elle est déjà sur le chemin de devant.

Lorsqu'elles mettent des barbelés, l'immigration passe en dessus et lorsqu'elles érigent des murs, l'immigration décide de passer en dessous.

Lorsqu'elles disposent des gardes frontaliers, sur les eaux, l'immigration est déjà dans les conteneurs de bateaux de transports divers.

Et lorsqu'elles décident de vérifier les conteneurs, l'immigration est déjà dans les transports en commun.

Lorsqu'elles décident d'aller la chercher dans les transports en commun l'immigration est dans des véhicules personnels.

Et lorsqu'elles décident d'aller la chercher dans les véhicules personnels, elle n'existe plus.

Le but final de l'immigration n'est pas de violer les règles ni les lois , mais de se frayer un chemin.

Et cette approche n'est pas comprise ou est mal comprise par les politiques qui la regardent juste comme une immigration simple qui essaie d'entrer illégalement dans le pays ou qui emprunte des chemins illégaux.

Une politique migratoire public et de la nationalité au Canada

L'immigration et sa force dans un pays

Il faut voir l'immigration autrement et alors nos politiques pourront être en phase avec cette dernière et apporter la réponse adéquate à cette dernière. Si pour nos politiques l'immigration est comme des eaux qui se fraient un chemin de passage, alors nous avons la capacité non de l'arrêter, mais plutôt d'encadrer son passage. Car elle coule et elle coulera encore.

Et les nations ne pourront pas l'arrêter du fait qu'une eau ne peut pas s'arrêter, mais plutôt travailler à ce qu'elle coule davantage et mieux.

En effet, les politiques d'immigration des nations sont à l'opposé du chemin qu'emprunte l'immigration.

Quelle est la politique migratoire du Canada ?

Est-ce une politique de Travailleurs qualifiés sélectionnés par le Québec ?

Est-ce une politique de Travailleurs qualifiés et professionnels : pour les individus qui veulent s'établir et travailler au Canada, hors du Québec ?

Est-ce la politique de l'expérience canadienne (acquisition d'une expérience de travail récente au Canada) ?

Est-ce la politique d'Investisseurs, entrepreneurs et travailleurs autonomes ?

Est-ce la politique des Candidats des provinces et/ou territoires ?

Est-ce le parrainage (de membre de la famille) ?

Mais est-ce une politique ou des politiques viables pour le Canada ?

Deux actions doivent-elles menées :

- Lorsque l'eau s'écoule nous n'en avons pas besoin pour tout et n'importe quoi.

Le plus souvent nous avons un besoin principale et c'est sur ce besoin que nous devons cantonner toutes nos forces

Ensuite lorsque notre besoin est pourvu, nous pouvons aller sur quelque chose d'autre.

- La seconde chose à faire c'est de savoir le type d'eau qui s'écoule, son volume, sa capacité à remplir ou à ne pas remplir, quel poids peut-elle avoir ; est-elle salé ou non, etc.

Concernant la première action, avant même que ne viennent l'immigration ou que l'immigration n'arrive dans les terres, il faut définir un besoin spécifique ou une politique spécifique et ne pas faire tout à la fois .
Car à vouloir pêcher à la fois une baleine, une carpe, un crabe, ou autres, nous finirons par ne pêcher que peu et même ne pas obtenir quelque chose de spécifique et ne pas être enseignés sur l'évolution ni le lieu de cette économie que nous voulons.
Vous ne pouvez pas chercher à pêcher divers types de poissons gros , petits moyens, jeunes, adultes en stock et pouvoir obtenir de véritables renseignements sur ces derniers .
Or sans renseignements sur ces derniers vous ne pouvez pas savoir si oui ou non il y en a en stock et si oui ou non il est possible d'en avoir pour les générations futures etc.

Une politique migratoire public et de la nationalité au Canada

L'immigration et sa force dans un pays

Ainsi nous devons choisir une politique ou un besoin spécifique que viendra combler l'immigration qui arrive quelle qu'elle soient et prendre les précautions pour cela .

Il y a plusieurs domaines sur lesquelles il faut réfléchir et prendre soins d'aller sur un seul domaine précis et pas tout à la fois : Soit une immigration pour les Affaires étrangères, soit le Commerce et le Développement ; soit une immigration pour l'agriculture et agroalimentaire ; soit une immigration pour apporter des aides et accompagner les anciens combattant et leurs familles ; soit une immigration pour apporter des conseils au premier ministre et aider à la coordination du travail des ministères et agences du gouvernement fédéral ; soit une immigration pour défendre les valeurs canadiennes au Canada et à l'étranger ; soit une immigration qui va aider à l'élaboration et la mise en œuvre des programmes et services sociaux ; soit une immigration qui va aider à améliorer l'environnement et à préserver les ressources renouvelables du Canada ; soit une immigration qui va aider à améliorer les politiques économiques ; soit une immigration qui va améliorer l'immigration ou les programmes et services d'immigration, d'établissement, de réinstallation et de citoyenneté ; soit une immigration qui va améliorer l'économie et l'industrie ; soit une immigration qui va améliorer la justice au Canada ; soit une immigration qui va améliorer le tourisme au Canada ; soit une immigration qui va améliorer la pêche au Canada ; soit une immigration qui va améliorer la vie

des autochtones au Canada ; soit une immigration qui va améliorer l'Énergie, les Mines et les ressources au Canada ; soit une immigration qui va améliorer la finance au Canada ; soit une immigration qui améliorer la sécurité du Canada sur tous les plans ; soit une immigration qui va améliorer les travaux publics et services gouvernementaux au Canada ; soit une immigration qui va améliorer les transports que ce soit maritimes, ferroviaires ou terrestres au Canada...
Il faut choisir un seul domaine parmi tous ces domaines attendre l'immigration en fonction.

En ce qui concerne le deuxième volet, il faut bien spécifier l'immigration.
Il faut la définir et savoir quelle est sa forme et sa force, quelle est sa capacité et sa compétence ou ses compétences …
Il faut savoir le chemin qu'elle emprunte et les voies qu'elle peut emprunter pour arriver au pays .
Il faut connaitre les péripéties sur son chemin ; il faut évaluer les différents modes de transports et autres éléments qui pourraient venir à manquer à cette immigration ; il faut prendre en compte tous les réseaux ou interférences qui pourraient venir entacher cette immigration ou la polluer. Car si nous ne maitrisons pas ou n'avons pas la main au plus près de cette immigration, elle risque d'arriver en terre canadienne différente de ce que nous avions envisager et ne pas être celle que nous attendions en fonction

du besoin spécifique que nous avions .

Si nous décidons à titre d'exemple d'orienter notre politique migratoire des six (6) premiers mois de l'année 2023 à l'agriculture et agroalimentaire ; nous n'irons pas choisir ou faire des recherches dans des grandes villes ou des villes qui n'ont aucune approche agricole, mais nous allons d'abord et avant tout nous approcher de territoires agricoles qui ont un véritable potentiel agricole ou une véritable aptitude agricole.

La politique migratoire doit répondre à un besoin et l'immigration attendue doit être connue et non inconnue.

La politique migratoire ne doit pas prendre tout et rien à la fois, mais doit prendre en fonction de son besoin ou d'un besoin important pour chaque six (6) mois.

Une politique qui chaque six(6) mois fixe un besoin qui a été découvert et se met en route pour faire entrer une immigration qui répondra et va aider à répondre à ce besoin.

Une politique migratoire public et
de la nationalité au Canada
L'immigration et sa force dans un pays

Une palette de choix migratoires vastes et variés est-elle possible ?

Existe-t-il différents types d'immigrations dans la politique menée par le Canada ?
Peut-on faire migrer une personne en ayant des choix très vastes ?
Mène-t-on la politique migratoire dans ce sens ?
Le Canada est-il prêt à mettre sur pieds une politique migratoire sans limite ?
Le Canada peut-il s'orienter vers une politique migratoire qui ouvre la porte à tous les types de profils pouvant apporter à l'économie canadienne ?
Lorsque nous parlons d'une immigration scientifique, il n'est pas question de doter du Canada d'une loi visant à faire entrer les scientifiques. Car les scientifiques il en existe de toutes sortes.
Ainsi lorsque vous développer une loi ou un projet d'immigration, il est bon de pouvoir décortiquer le mot scientifique et de définir les catégories de sciences ou de scientifiques dont il est question.
Faut-il juste empiler tous ceux qui font ou ont fait des études de recherches ?
Faut-il mettre dans un même panier tous ceux qui font de la recherche au niveau de l'environnement ?
Faut-il mettre dans le même panier tout ceux qui sont à la recherche des animaux terrestres sur tout le territoire ?

Une politique migratoire public et de la nationalité au Canada

L'immigration et sa force dans un pays

Mettre ensemble tout et tous n'est pas une politique viable ou qui apportera une réponse.

Ce n'est pas parce que la loi nous parle d'immigration scientifique que nous devons embarquer tout le monde du moment où il y a de la science.

Non.

Il faut préciser.

Il faut donner de la spécificité à notre immigration.

Lorsque nous parlons de l'immigration familiale dévons-nous prendre tous ceux qui ont un père, une mère, un frère, une sœur, etc. au Canada ou devenons-nous plutôt apporter des spécificités ?

Chacun a un nom et chacun a une histoire et là où se trouve une histoire se trouve une espérance, des déceptions, des joies, des peines...et tout cela peut apporter au Canada ou être au contraire mauvais pour le Canada.

Il faut séparer l'immigration ou disons il faut séparer les profils d'immigrants.

Chacun doit savoir pour quelle raison il migre au Canada et ce qu'il vient y faire.

Les lois migratoires sont restrictives et cette restriction n'est pas forcement efficace pour résoudre les difficultés à maitriser l'apport migratoire.

Les règles d'immigrations ont besoin d'être précises et non restrictives.

Les lois ont besoin de définir les profils attendus ou voulus.

Si vous voulez un chauffeur de poids lourd, vous n'irez pas prendre une personne parce qu'elle conduit des poids lourds, mais vous devez préciser quel type de distance et sous quelle température, et dans quel climat et pour quel type de revenu ou avantage et pour quel type de risque etc.

Vous pourrez dire que l'immigration ce n'est pas une embauche, mais alors que faisons-nous ?

L'immigration ou la politique migratoire est un premier filet d'embauche ou de recrutement d'individus utiles à l'évolution du pays et à son expansion au niveau économique, politique, religieux, culturel etc.

Sans ce filtre, comment l'immigration peut-elle donner du fruit ou porter du fruit et être avantageuse ?

Sans ce filtre comment l'immigration serait-elle un maillon important et sans faille de l'apport extérieur au développement économique du Canada.

Et cette immigration il est bon d'y apporter de la précision. Il est bon de lui donner un nom, une spécificité.

Lorsque vous venez au Canada pour travailler en tant qu'agriculteur, il faut que cette immigration soit précise.

Cela ne doit pas être juste un visa et c'est tout ou un visa visiteur et c'est tout ou un visa jeune professionnelle et c'est tout.

Toutes ces appellations sont très vagues et ne disent en rien ce que vous faites au Canada vraiment ou ce que vous envisagez de faire au Canada .

Quel que soit le type d'immigration qui envisagée au Canada il va falloir un document qui stipule ce que vous venez faire au Canada.

Sur une pièce d'identité ou disons une carte d'identité ou un passeport , votre nom ne change pas ou n'est pas approximatif.

Vous ne pouvez pas passer une première frontière avec le nom JEAN CHARLE et la seconde frontière avec le nom JEAN CHARLE BUSQUE et la troisième frontière avec le nom CHARLE .

Si vous êtes JEAN CHARLE BUSQUE vous l'êtes que ce soit pour la première comme pour toutes les frontières .

Lorsque vous devez immigrer au Canada vous n'êtes pas visiteur en entrant et lorsque vous êtes entrez, vous êtes travailleurs.

Ou lorsque vous rentrez en tant que travailleur, étant rentré vous n'êtes pas étudiant.

Il est bon de spécifier les entrées au Canada par un document qui dit ce que vous ferez au Canada :

Entrée activité agricole

Entrée activité financière

Entrée associée aux ventes

Entrée responsable du développement commercial

Entrée ingénieur électricien

Entrée conductrice de bus

Entrée comptable

Entrée réceptionniste

Entrée chargée de projet

Entrée gestionnaire RH

Une politique migratoire public et de la nationalité au Canada
L'immigration et sa force dans un pays

Entrée soudeur

Entrée mécanicienne d'équipement lourd

Entrée planificateur financier

Entrée développeur

Entrée marchandiseur de biens de consommation

Entrée infirmier autorisé

Entrée charpentier-menuisier

Entrée créateur d'entreprise de pèche

Entrée collectionneur

Entrée développement entreprise informatique

Entrée investisseuse dans une jeune pousse

Entrée investisseur agricole

Entrée employée du ministère de la culture

Entrée administrateur public

Entrée conseiller communication du ministère de la défense

Entrée spécialiste réseaux-systèmes informatique fonction publique

Entrée conseiller secteur public

Entrée femme de Canadien

Entrée enfant de Canadien

Entrée frère de Canadien

Entrée père de canadien

Entrée mère de canadien

Entrée traitements médicales

Entrée enfantement

Etc.

Préciser ou spécifier toutes les entrées ce n'est pas une perte de temps.
A commencer par votre rentrée dans le territoire, lorsque vous arrivez au poste de contrôle, ni vous ni l'agent ne perdez du temps.
Vous allez directement à ce pourquoi vous êtes là donc ce qui est écrit dans votre passeport ou votre document de voyage .
Lorsque vous entrez au Canada et que vous voulez aller investir dans la restauration tandis que vous aviez sur votre passeport ou votre titre de voyage « Entrée investisseur agricole » , le service public en charge de votre dossier est déjà alerter et même le restaurant dans lequel vous voulez investir aussi commence à examiner de plus près ce que vous dites vouloir faire.
Car ce que dit votre passeport ou votre titre de voyage est tout à fait différent de ce que vous êtes en train de faire ou vouloir faire.
Lorsque vous allez déclarer aux services publics que vous travaillez comme responsable immobilier tandis que sur votre passeport ou document de voyage il était mentionné responsable de vente automobile, les services publics essayeront de voir plus clair dans ce que vous prétendez occupez comme emploi vu que vous n'êtes pas entré au Canada pour cela.

Une politique migratoire public et de la nationalité au Canada

L'immigration et sa force dans un pays

Nous ne sommes pas en train de plonger tous dans la suspicion ou de raidir la politique migratoire, mais nous parlons de l'apport de l'immigration ou non au pays.

Car derrière l'entrée express se cache tout et n'importe quoi, se cachent plusieurs entrées dont on ne sait s'ils serviront réellement le pays ou non.

Quelqu'un qui va chercher du travail et qui marque sur CV quelque chose qui semble incohérent, le recruteur va fortement vouloir en savoir davantage.

Car ne pas chercher à savoir ou à comprendre l'incohérence c'est accepter et plonger son économie dans le flou totale.

Mais connaitre et comprendre l'incohérence c'est comprendre et accepter que son économie soit éclairée.

Si vous êtes entré au Canada en tant que maçon cela n'empêche pas que vous deveniez chef dans une brigade du Canada, mais cela ne se fait pas dans les trois mois qui suivent votre arrivé, il y a de l'incohérence.

Si vous entrez au Canada en tant que directeur comptable, vous ne vous retrouvez pas six (6) mois plus tard en tant que directeur de plusieurs fonds d'investissements, il y a de l'incohérence ; ou disons il y a un doute et votre visa d'entrée ou titre d'entrée peut alerter facilement les services de l'État sur votre apport ou non à l'économie du Canada.

Il est possible d'avoir plusieurs choix et une variété d'immigration et il faut le préciser sur les documents de voyages.

Rien n'est impossible et même c'est tout à fait possible.

Une politique migratoire public et de la nationalité au Canada

L'immigration et sa force dans un pays

Un seul document suffit pour savoir ce que vous faites et apportez au Canada. Que ce soit pour l'employeur, ou pour celui qui vous vend son patrimoine ou pour celui qui vous cède sa société ou pour celui avec qui vous voulez être partenaire au Canada.

Un seul document permet de connaitre tous les individus qui entrent au Canada et ce pourquoi ils y entrent.

L'agent de police n'a pas besoin de se renseigner fortement pour savoir qui vous êtes et ce que vous faites.

S'il prend votre document de résident ou votre visa ou votre passeport peu importe, et que vous vous trouvez dans une posture qui n'a rien à voir avec ce que dit votre document d'identité, il est claire qu'il n'a pas besoin de passer un coup de fil pour déjà vous questionner et chercher à obtenir des informations sur le pourquoi de votre position qui est différente de ce que vos documents disent de vous.

Chaque document d'entrée au Canada et de circulation au Canada doit préciser ce que vous apportez au Canada et ce pourquoi vous êtes au Canada. L'immigration doit être très clair et précise et non floue.

Et lorsqu'un migrant sort du Canada, ce n'est pas juste un migrant qui sort , c'est des bras qui apportaient quelque chose qui sortent.

Si une personne qui était venue pour faire des études scientifiques sort du Canada, elle est immédiatement répertoriée comme étant un scientifique en moins parmi les scientifiques qui étaient rentrés et donc si le Canada en a besoin encore, ce fichier servirait de comprendre le nombre de bras qui partent et le nombre de bras dont on aura besoin.

Préciser l'entrée et l'apport de l'immigrant au Canada n'est pas chose mauvaise car cela permet d'être informé sur qui est avec nous pourquoi et jusqu'à quand.

Une politique migratoire public et de la nationalité au Canada
L'immigration et sa force dans un pays

Immigration et services publics : Possibilité ou impossibilité

L'immigration canadienne peut-elle s'ouvrir au secteur public tout comme elle l'est pour le secteur privé ?

C'est une question très difficile à comprendre et même à résoudre .

Mais toute impossibilité n'est que le manque de compréhension et l'incapacité d'écoute.

Lorsque l'immigration s'étend au secteur public, cela touche à la défense nationale ou à l'intégrité nationale ou même territoriale ! Voici ce que l'on pourrait dire dans un premier temps.

Mais une chose est de permettre l'immigration et une autre est de la comprendre, de veiller sur ses faits et gestes.

A quoi servent les services secrets canadiens ?

Il y a un manque total de confiance envers les services secrets canadiens.

Le fait même de ne pas mettre le pied ou le pas dans une direction prouve que nous n'avons pas confiance à nos services secrets au Canada et que nous ne pouvons pas et ne voulons pas compter sur leurs interventions.

Mais comment pouvons-nous dire alors que nous avons des services secrets ?

Comment pouvons-nous dire que nous avons des services de renseignements au Canada ?

Une politique migratoire public et de la nationalité au Canada

L'immigration et sa force dans un pays

Mais que vient faire les services secrets dans l'immigration ?

Justement c'est ce qu'il faut comprendre.

L'immigration ce n'est pas juste une personne qui quitte son pays et vient pour s'installer et vivre avec un emploi quelconque ou même une personne qui vient demander l'asile ou même une personne qui vient étudier etc.

L'immigration c'est plus que çà.

L'immigration est la porte par laquelle passent le plus souvent les amis et partenaires du Canada, mais aussi l'ennemi ou les ennemis du Canada ou les personnes qui veulent détruire le système interne du Canada.

Dans l'immigration quoique nous ayons une partie qui vient bâtir, nous avons des sociétés qui veulent se saisir d'autres sociétés, des investissements qui veulent se saisir de secteurs dits stratégiques, des touristes qui veulent prendre des images de lieux ou d'outils stratégiques pour la nation ; des étudiants qui viennent étudier la science dans le pays afin que de pouvoir communiquer cette information dans leur nation ; des entreprises étrangères qui sont un bras de leur nation dans le pays ; des services financiers qui sont un bras de renseignements de leurs pays au Canada etc.

Ainsi, l'immigration ce n'est jute un outils pour palier au besoin d'un emploi dans un domaine , mais cela va plus loin et touche à des choses dont on ne peut imaginer.

Si vous migrez et que les services de renseignements n'ont pas d'informations sur vous cela n'est pas normal.

Si vous venez au Canada et que les services secrets du Canada n'ont pas accès à toutes les données sur vous c'est quelque chose de pas normal.

Mais comment ces services peuvent-il être efficaces si nous ne nous engageons pas sur des chemins qui impliqueraient leurs efficacités ?

Le seul obstacle ce n'est pas les hommes, le seul obstacle c'est l'investissement dans les renseignements du Canada.

Le seul obstacle c'est le budget dans les services de renseignements.

L'immigration dans le public a des risques et peut avoir de grands risques , mais arriver à faire des choses grandes comporte de grands risques.

Comment faire quelque chose de plus que les autres si nous ne prenons pas de risques ?

C'est en cela que les services de renseignements canadiens sont un élément important de l'immigration.

Qu'elle soit une immigration qui est nouvelle ou établie depuis longtemps, connaitre ce qu'elle est devenue continuellement est important.

Et cela peut se faire, mais les services secrets du Canada doivent avoir un budget très élevé et un soutien très fort pour que ce plan soit visible et concret et aboutisse.

Les services secrets du Canada doivent jouir d'un apport financier et matériel très large.

Car mettre sur pieds tout projet quelconque qui implique l'étranger ou sa venue ou l'investissement d'étrangers cela met en grand péril la nation et même toute sa structure politique ou de gouvernance.

L'immigration dans les services publics est une possibilité et cela est tout à fait envisageable.

Une immigration dans le privé ou une immigration dans le public, quelle est l'immigration qui a le moins de risques ?

Quelle immigration comporte le moins de risques ?

Est-ce l'immigration du privé ?

Est-ce l'immigration du public ?

Nous disons que toute immigration comporte des risques et même très élevés pour la structure et même l'évolution de l'État et de son engagement pour le peuple du Canada.

Nous ne sommes pas en train de parler de quelque chose d'autre.

Nous sommes en effet en train de parler de l'immigration et particulièrement de l'immigration publique.

Mais comment cette immigration peut-elle être possible ?

Ou, est-ce que cette immigration est possible ?

Aucune immigration n'est impossible.

Sauf que toute immigration a besoin d'un regard ou d'un suivi de la part des services de renseignements du Canada.

Toute immigration a besoin d'un accompagnement de la part des services secrets du Canada.

Une politique migratoire public et de la nationalité au Canada

L'immigration et sa force dans un pays

L'immigration dans le public n'est pas mauvaise en soit et est aussi un chemin pour apporter au Canada.

Si l'immigration est recherchée pour son apport , pourquoi la restreindre au privée ?

Si nous avons besoin d'un apport de l'étranger pour la croissance et la force du pays, il faut vraiment mener une politique qui permet d'atteindre cet objectif.

Il faut regarder à toute immigration qui permet de faire croitre et donner une solide santé au Canada .

Et l'immigration publique est une immigration capable.

Ce n'est pas le danger, ce n'est pas la perte, ce n'est pas l'échec, ce n'est pas le trouble, ce n'est pas la mort, ce n'est pas la fin…

L'immigration publique ce n'est pas l'arrêt du pays ou l'arrêt de ses institutions.

L'immigration publique ce n'est pas une porte ouverte pour espionner le canada …

Non, l'immigration dans le public est tout à fait possible et est une opportunité tout comme l'immigration dans le privé.

L'immigration privée comporte plus de risques que l'immigration publique.

L'immigration privée est de l'ordre du privé donc il est très rare d'obtenir des informations sur les activités d'ordre privée.

Vous n'irez pas enquêter dans une grosse firme sans avoir toutes les autorisations nécessaires ou requises.

Mais vous pouvez arriver dans un ministère et pouvoir y mener les investigations nécessaires ou autres avec plus de facilités, puisque c'est de l'ordre du public.

Ainsi, l'immigration publique est un atout et une possibilité.

La possibilité ne veut pas dire qu'elle doit être sans prendre des précautions.

Raison pour laquelle il faut faire intervenir les services secrets ou de renseignements du Canada.

Mais comment faire intervenir des services de renseignements lorsque ces derniers n'ont pas assez de moyens ?

Et qui dit moyens parle d'abord de moyens financiers ou d'un budget assez large et consistant pour opérer dans toutes les circonstances et à tous les niveaux et à toutes les heures...

Il est bien d'impliquer davantage les services de renseignements car l'immigration que ce soit dans le privé ou dans le public comporte des dérives inimaginables et inconnues.

Apporter un haut niveau de protection ce n'est pas du nationalismes ou du sectarisme ou quoique ce soit qui soit similaire, mais c'est de la protection.

Et sans protection la politique migratoire est un passoir et non un canal qui filtre les entrées et les apports.

L'immigration publique peut se faire et doit être opérationnelle.

Et pour être opérationnelle elle doit être accompagner fortement par les services de renseignements ou services secrets du Canada.

Mais pour que ces services puissent faire ce qu'il faut et bien le faire , il faut un bon budget, il faut des moyens colossaux.

Parce qu'une immigration ce n'est pas que des personnes qui viennent ou une porte par laquelle passent des personnes, mais c'est surtout une porte qui permet d'aller vers l'extérieur et de prendre des informations sur l'extérieur, c'est une porte ouverte qui permet en faisant rentrer d'obtenir des renseignements sur l'extérieur et le monde qui est tout autour et qui ouvrent aussi ses portes pour que ses ressortissants puissent sortir.

En immigrant au Canada, vous ouvrez les portes de votre nation et le Canada ouvre aussi les portes de sa terre.

Ainsi deux portes sont ouvertes ou des portes sont ouvertes.

Et par les portes passent ceux qui viennent mais aussi les instruments qui pourraient nous apporter toutes les informations nécessaires et tuiles.

Ainsi une immigration publique ouvre davantage de portes et permet davantage d'obtenir et non de perdre .

Mais pour obtenir et s'informer et connaitre nous avons besoin d'une outil : les services secrets ou de renseignements du Canada.

L'immigration publique est une opportunité et un outil qu'il faut développer et appréhender.

L'immigration publique est une possibilité que les nations n'essaient pas d'appréhender, mais qui présente un avantage celui de développer notre capacité de renseignement et d'information.

Car plus vous êtes ouverts au risque plus vous prenez des dispositions sûres et certaines.

Plus vous êtes dans une position délicate plus vous prenez des dispositions plus que n'en prendraient les autres nations.

Les autres nations seraient à 10% de la capacité de renseignements tandis que le Canada serait à 20% voire 50 % de la capacité de renseignements.

Les services secrets du Canada seraient dans une optique de multiplier et d'accroitre en nombre et en système... son potentielle tandis que les autres nations seraient encore à leurs outils de tous les jours et d'autrefois.

Et pourquoi ?

Juste parce que nous aurions fait place une possibilité celle de l'immigration publique.

L'immigration publique n'est pas quelque chose qui mènera le pays dans le chaos mais le conduira à veuillez à prendre davantage des précautions tout en affinant ses forces, ses compétences et aptitudes.

L'immigration publique ou dans le public est possible et doit être la norme comme l'est l'immigration dans le privé.

Les sociétés évoluent et croissent dans divers domaines et de diverses manières.

Et ces sociétés se mêlent et croisent pour faire naitre quelque chose de différent.

Une politique migratoire public et de la nationalité au Canada

L'immigration et sa force dans un pays

Comprendre que le privé et le public ne sont pas loin l'un de l'autre et même sont unis tout en étant opposés, c'est comprendre que l'un peut apporter tout comme l'autre au développement économique et à la performance du Canada .

Une politique migratoire public et de la nationalité au Canada
L'immigration et sa force dans un pays

Les forces migratoires dans le privé et dans le public au Canada

Les premières forces que vous rencontrez lorsque vous approchez une nation sont rarement les immigrées.
Vous rencontrerez dans personnes qui sont vues ou perçues comme des nationaux.
Lorsque vous entrez dans un restaurant de luxe ou un hôtel haut de gamme, la première personne ou les premières personnes que vous rencontrerez c'est le visage local.
Vous ne rencontrerez pas le visage qui n'est pas local.
Vous rencontrerez le visage qui est semblable à vous ou que vous trouverez semblable au vôtre.
Vous ne trouverez pas un visage différent du votre ou qui n'est pas en adéquation avec le vôtre.
Vous tomberez sur une réception qui vous va ou qui semble être celle qui vous ressemble ou qui est similaire à vous culturellement ou dans votre imaginaire.
En effet, cela n'est que la façade ou ce que l'on veut vous faire croire ou que vous devez voir lorsque vous arrivez dans cet hôtel de haut de gamme ou ce restaurant de luxe.

Une politique migratoire public et de la nationalité au Canada
L'immigration et sa force dans un pays

Mais vous êtes-vous déjà posés la question de savoir ce qui se cache derrière ?
Vous êtes-vous déjà posés la question de savoir où sont le reste de l'équipe et de la force de cet hôtel de haut de gamme ou de ce restaurant de luxe ?
Quels sont les bras derrière tout ce luxe ?
Quel est le moteur qui fait tourner cet hôtel haut de gamme ou ce restaurant de luxe ?
Quand vous allez chez un concessionnaire, vous rencontrez une personne qui vous ressemble ou qui semble facilement fondre dans la masse ou dans ce que l'on veut vous faire croire ou accepter.
Mais la question est : qui se cache derrière ?
Qui travaille derrière ?
Qui fait le plan derrière ?
Qui fait la stratégie derrière ?
Qui tient la corde ?
La question ce n'est pas de chercher à voir ou à connaitre qui est derrière uniquement, mais de comprendre et d'ouvrir les yeux sur le fait que dans un hôtel haut de gamme ou un restaurant de luxe, les forces en arrière-plan ou qui permettent ce que représente cet hôtel ou ce restaurant sont en grande partie des immigrées ou issues de l'immigration .
Il faut comprendre et voir que derrière un restaurant de luxe, il y a l'immigration.
On ne doit pas ignorer cela, mais prendre cela en considération.

Une politique migratoire public et de la nationalité au Canada
L'immigration et sa force dans un pays

Considérer une chose ne signifie pas qu'il faut mettre la chose en avant ou que la chose doit forcément être en avant plan.

Non, ce n'est pas ce que nous disons.

Non, ce n'est la direction que nous souhaitons donner à nos dires.

Nous disons tout simplement que dans une belle voiture il y a un moteur et que vous ne devez pas l'ignorer et devez chercher à savoir quel est ce moteur, quelles sont ses capacités, quelle est son origine etc.

Cela ne veut pas dire qu'il faut ôter la peinture du véhicule et la carrosserie pour que le moteur reste seul et qu'il serve de véhicule.

Non, car c'est un ensemble.

Mais sans la connaissance de ce qui fait cet ensemble ou de tous les éléments de l'ensemble, vous acheter un produit sans savoir si ce dernier est de qualité ou non, s'il est résistant ou non, s'il permettra de vous maintenir en sécurité ou pas , etc.

Ainsi, l'immigration représente diverses forces qu'il est bon de considérer afin d'appréhender cette immigration pleinement et/ou dans sa juste valeur.

Apprécier la force de la qualité, la force de la technologie, la force de l'information, la force de la quantité, la force de la sécurité et bien d'autres.

Et cette force doit être présentée, connue, et appréhendée sans tabou.

Dans le public, il y a des personnes issues de l'immigration tout comme dans le privé.

Et ces personnes sont un potentiel énorme pour faire tourner ces organismes.

Une politique migratoire public et de la nationalité au Canada

L'immigration et sa force dans un pays

Mais devons-nous nous arrêter seulement au fait que cette immigration soit présente et existe ou plutôt donner à cette immigration d'accroitre sa force ?
Lorsque vous avez des emplois derrière la réception d'un hôtel de luxe, devez-vous juste faire mention de ces emplois ou devez vous rendre plus forts ces emplois ?

Nous allons être plus précis.

Lorsque vous avez une voiture de haut de gamme, misez-vous plus sur l'extérieur du véhicule ou disions le visuel du véhicule ou devez-vous davantage miser sur ce qui n'est pas visible.

Devez toujours utiliser le moteur qui tourne depuis des années ou devez-vous plutôt l'améliorer ?

Devez-vous utiliser les câbles d'alimentation ou autres qui s'utilisent depuis des années ou devez-vous songer à les améliorer, à leur donner plus de force de résistance, plus de fermeté ?

Devez-vous utiliser le même bas de caisse du moment où il fait le travail encore, ou devez-vous songez à lui donner plus de résistance aux eaux, et tout ce qui peut le faire vieillir et à terme le détruire ou le rentre inutilisable ?

Les forces immigrées dans le public et le privé doivent être appréhender de la même manière et dans un but de fortification de ces dernières.

Nous ne disons pas que ces force-là sont des bas de caisse ou encore moins des câbles qu'on ne voit pas dans une voiture de luxe.

Mais nous disons qu'où qu'ils soient ces immigrées doivent pouvoir bénéficier d'outils et d'instruments leur permettant de rester une force et d'accroitre leur force.

Car tout un ensemble fort sera toujours élevé qu'un ensemble qui ne l'est pas.

La force migratoire dans le public et le privé ce n'est pas changer la face de ou la représentation, mais c'est apporter aux éléments qui ne se voyaient pas et faisaient le plus gros efforts afin de maintenir la structure et la rendre plus solide.

Car la solidité d'une employée d'hôtel qu'on ne voit jamais est la solidité de cet hôtel.

La solidité du moteur d'un véhicule de luxe est la solidité de ce véhicule de luxe.

La solidité d'un immigrant ou d'une immigration dans un service public ou dans un service privé est la solidité de ce service public ou privé.

La solidité ici ce n'est pas perdre ce que nous avions instauré ou présenté, mais c'est permettre à celui qui semble ne pas représenter à nos yeux d'obtenir plus que nous ne lui accordions.

Si le Canada n'accorde pas plus de soins aux forces qu'on ne voit pas, à l'immigration qu'on ne voit pas, comment le pays sera-t-il en bonne santé ?

Si vous accordez de l'importance à vos vêtements, prenez soins que de votre visage et de votre corpulence, et que vous négligez la santé de vos organes, comment votre personne sera-t-elle solide et se maintiendra-t-elle en bonne santé et pourra-t-elle continuer d'exister ?

Une politique migratoire public et de la nationalité au Canada

L'immigration et sa force dans un pays

Exister et la bonne santé dépendent en grande partie non pas de ce que nous voyons, mais en majorité de ce que nous ne voyons pas.

Ce qui est loin des regards des autres et même loin de nos regards.

Notre développement, notre force en tant que public ou privé demeure dans la capacité à mieux entretenir ce qui est rarement vu , mais qui sert de moteur à notre institution ou notre structure.

Et si l'immigration est un élément qui fait tourner le moteur et la structure, pourquoi ne pas lui donner davantage afin qu'elle soit forte et que sa force puisse continuer à maintenir la structure ?

Donner davantage, entretenir davantage, ce n'est pas perdre son luxe ou sa montée en gamme.

Ce n'est pas perdre sa crédibilité.

Au contraire lorsque nous n'entretenons pas ce qui aide la structure ou aide le véhicule, nous finissons par perdre un allier majeur.

Et cet allier majeur dont il est question c'est cette immigration dans le public et le privé au Canada .

Un allier majeur, un allier important qui n'a pas de force est une faiblesse dans la muraille qui nous sert de protection contres nos adversaires.

Une faiblesse dans nos rangs est une faiblesse de toute la force que nous disons êtres ou que nous croyons êtres.

Le Canada peut être fort dans certains domaines, mais le fait que la force derrière cette force ne soit pas une force ou n'est pas rendue forte affaibli

Une politique migratoire public et de la nationalité au Canada

L'immigration et sa force dans un pays

de jour en jour la force qu'a et qu'est le Canada

Une politique migratoire public et de la nationalité au Canada

L'immigration et sa force dans un pays

La politique de la nationalité en terres et en dehors des terres canadiennes

La politique de la citoyenneté peut-elle évoluer et être accessible depuis l'étranger ou dès l'entrée sur le territoire du Canada ?

Pour pouvoir s'enrôler dans les Forces, une personne doit normalement déjà posséder la citoyenneté canadienne.

Mais qu'en est-il actuellement ?

Parité, diversité, recrutement basé sur le potentiel, voici quelques éléments qui fondent à ce jour l'introduction d'éléments dans les forces armées canadiennes.

La question est :

Dévons-nous être intégrés aux forces armées canadiennes (FAC) pour donner notre vie ou plutôt pour sauver des vies ?

La nationalité canadienne doit nous être octroyée pour donner notre vie ou plutôt pour sauver des vies ?

Nous allons reformuler la question :

Devient-on canadien ou est-on naturalisé canadien pour donner notre vie et parce que nous avons la capacité de donner notre vie ou plutôt parce pour avons la capacité de sauver des vies ?

La citoyenneté canadienne ou la politique de la citoyenneté canadienne est-elle et doit-elle être motivée par le fait d'être capable d'attendre les quelques trois ou quatre années dans le territoire du Canada tout en vivant le quotidien ou plutôt parce que nous pouvons sauver des vies et participer à l'évolution des vies ?

L'octroie de nationalité canadienne doit-elle s'appuyer sur la capacité à combattre pour le Canada et à participer à des batailles (économiques, sécuritaires, sanitaires etc.) pour le Canada ou plutôt la capacité à immigrer au Canada et à patienter trois années ou 1095 jours ?

Une politique qui vous donne d'acquérir la nationalité du fait que vous soyez sur le territoire et patienter quelques années est-elle viable ou bénéfique pour le Canada ?

Les premiers migrants étaient-ils venus pour acquérir la nationalité ou plutôt pour participer à cette économie afin qu'elle soit forte et le leur rende en retour ?

Doit-on bénéficier d'une naturalisation par simple fait qu'on est pu immigrer au Canada et eu la capacité à patienter 3 années ?

Mais alors tous peuvent avoir accès à cette nationalité ou être naturalisés sans pour autant être des apports ou des forces pour le Canada et avec le Canada .

Tous peuvent passer par le Canada pour obtenir un document leur permettant de développer leurs affaires, leurs projets personnels etc. sans que ce soit bénéfique pour le Canada ou pour le peuple canadien.

Une politique migratoire public et de la nationalité au Canada
L'immigration et sa force dans un pays

Cela n'a pas été ainsi pour les premiers migrants qui sont arrivés en terre canadienne .

Ils étaient venus et se battaient chaque jour pour que cette terre devienne un pays, une puissance, une force, une grande patrie, et une immense eldorado où l'on vivrait mieux .

Comment peut-on venir dans un pays et patienter quelques années et avoir accès à une nationalité qui nous donne de pouvoir faire nos affaires entre deux pays ou entre deux continents sans que cela ne soit dans l'intérêt du Canada ou que le Canada ne puisse en tirer quoique ce soit comme bénéfice ?

La nationalité ou la naturalisation est la reconnaissance de ce que vous avez fait, faite ou êtes en capacité de faire pour que le Canada grandissent, se lève, se relève, marche, avance, croisse, parte au-delà et soit une force paisible où il fait bon vivre, mais aussi où il est possible de bien vivre.

La politique de la nationalité est un processus qui doit prendre appui sur les apports aussi infimes soient-ils qui donneraient à tout individu de faire du Canada un pays puissant dans tout ou partie des domaines d'activités qui s'y déroulent.

La politique de la naturalisation ce n'est pas : rentre et attend ta naturalisation.

Non.

Lorsqu'une personne fuit de sa maison pour persécution ou autre et cherche refuge chez une autre personne et qu'elle y reçoit un accueil, doit-elle participer de quelques manières que ce soit au bien être de l'endroit et de la maison qui l'accueille ou doit-elle se croiser les bras et s'assoir ?

Lorsqu'une personne est naturalisée cela veut dire que le Canada lui confère **des droits** et surtout **des responsabilités** au Canada.

De la loi concernant la naturalisation (*nationalité britannique : naturalisation et aubains*) de 1914 qui exigeait une durée de résidence de 3 à 5 ans pour être éligible à la naturalisation comme sujet britannique au Canada à aujourd'hui, beaucoup de choses ont changé.

Mais ont-elles évoluées ?

Y a-t-il eu une évolution ou juste une passation de main ?

La loi a-t-elle juste été un peu nettoyée ?

Est-ce que ce sont juste quelques couleurs qui ont été apportées à cette loi ?

Qu'est-ce qui marque la spécificité, la singularité de cette loi ?

Qu'est-ce donne à cette politique de naturalisation ou de l'octroi de la nationalité une cachet différent de celui de 1914 ?

Droit de sol ?

Droit du sang ?

Naturalisation ?

Adoption ?

Pour quelles responsabilités ?

Les droits de ceux qui deviennent citoyens canadiens sont connus et il semble même qu'ils évoluent de jour en jour .

Une politique migratoire public et de la nationalité au Canada

L'immigration et sa force dans un pays

Mais qu'en est-il de leurs responsabilités ?

Les responsabilités des candidats à la naturalisation ont-elles évoluées ?

Ont-elles été plus approfondies, plus poussées pour le bien être du pays ?

Voici la question qui se pose et devrait se poser.

Et cette dernière doit beaucoup motiver l'octroi de la nationalité.

Ce n'est pas la naturalisation qui doit être difficile d'accès ou complexe, mais les responsabilités des nouveaux arrivants qui doit être un véritable labyrinthe de réflexion concernant l'apport à la solidité de cette nation tandis que toutes la nations y compris le Canada sont et seront en proie à des crises diverses qui requièrent de repenser les stratégies et autres actions politiques.

« L'ordre du Canada » est la plus haute distinction civile au Canada.

C'est une haute décoration honorifique décernée sous l'égide du Premier Ministre à ceux considérés comme un exemple de la devise latine « desiderantes meliorem patriam », signifiant « désireux d'une patrie meilleure ».

Fondé en 1967, il reconnaît les Canadiens qui contribuent tout au long de leur vie à améliorer de façon majeure le dominion, aussi bien que les efforts effectués par les non-Canadiens qui, par leurs actions, ont contribué à faire un monde meilleur. Des musiciens, des politiciens, des artistes, des vedettes, des bienfaiteurs, des juges et plusieurs autres personnalités ont été investis dans cet ordre national.

Mais la chose intéressante est que le « prince Philip » a refusé de faire partie de cette ordre du Canada à titre honoraire, du fait que cette catégorie était réservée aux étrangers, puisque lui, en tant que conjoint de la reine, se considérait comme un Canadien.

Ainsi, et voici quelque chose qui est intéressant, en 2013, la constitution de l'ordre a été modifiée pour ajouter, en plus des catégories ordinaire (pour les citoyens canadiens) et honoraire (pour les étrangers), **une catégorie « extraordinaire »** réservée aux membres de la famille royale du Canada et aux gouverneurs généraux.

Cette catégorie « extraordinaire » nous fait comprendre que les lois évolues et doivent évoluer et prendre en compte toutes les éventualités dans le but de donner à de nouveaux arrivants d'être canadiens.

Donc à des personnes considérées à premier abord comme étrangers, mais qui lorsqu'on regarde de plus prêt sont des canadiens et participe au rayonnement du Canada.

Le prince Philip est né en Grèce mais est le conjoint de la Reine du Canada. Lorsque son épouse accède au trône, le 6 février 1952, il devient prince du Royaume-Uni et n'a plus de nom de famille. Dès lors, il devient prince consort (titre donné à l'époux du souverain et chef d'état). En plus, Il renonce à sa carrière militaire pour devenir conseiller personnel de la reine.

Mais comment les lois du Canada n'ont-elles pas sues apporter une réflexion assez forte pour aborder le cas de ce prince jusqu'à ce qu'il soit amené à refuser ce qui existait ?

Une politique migratoire public et de la nationalité au Canada

L'immigration et sa force dans un pays

Pourquoi la politique en vigueur n'a-t-elle pas appréhender la chose de manière plus ouverte et non sectaire ?

Un véritable comité doit être mis sur pieds non pas pour contrôler, réprimander et/ou récompenser en ce qui concerne la politique de l'octroi de nationalité au Canada, mais pour apporter une réflexion sur les profils, les liens, les apports, la capacité qu'a l'individu d'abandonner le soutien qu'il apporte ailleurs pour le remettre au profit du Canada et que cela soutienne le Canada.

Nous ne sommes pas en train de parler de lois qui doivent juste évoluer, mais nous disons que nous pouvons effectuer un mauvais recrutement car c'est de cela dont il est question.

Nous pouvons empêcher de manière indirecte des personnes qui ont été prête et sont et seront pour le Canada.

Mais réfléchir sur et pour améliorer la politique de la nationalité en terres et en dehors des terres canadiennes peut nous plonger dans une ère nouvelle.

Une politique migratoire public et de la nationalité au Canada
L'immigration et sa force dans un pays

L'élargissement de la politique migratoire aux services publics du Canada

Une immigration peut-elle devenir forte au Canada par l'élargissement de cette dernière au niveau des services publics ?
Au fait qu'est-ce qu'un service public ?
C'est un service ou une activité qu'exerce l'autorité (Etat, collectivité territorial ou local).
C'est aussi l'organisme qui est chargé de réaliser ce service.
Nous avons soit une administration, une collectivité local, un établissement public ou une entreprise du droit privé à qui est confié une mission de service public .
Certaines de ces activités sont liées à la souveraineté de l'Etat (justice, police, défense nationale, finance publique…) d'autres sont plutôt marchandes.
Le service public a un principe, celui de la gestion d'activités sociales essentielles et stratégiques selon des critères permettant un accès à tous et contribuant à la solidarité et à la cohésion sociale, culturelle et économique de la société.
C'est un service qui ne recherche pas de profit et est éloigné de la logique du marché, dans le principe.
Ainsi, le service public doit avoir la capacité de s'adapter aux conditions et

aux besoins ; doit être empreint d'égalité quant à l'accès au service et au tarifs ; et doit être continu.
Le service public peut encore avoir plusieurs définitions ou approches en fonction des nations ou royaumes.
De manière générale, l'administration public du Canada fait référence à servir le public ou à administrer ce qui appartient au public ou disons au peuple canadien.
De 1867(date de création ou des débuts de l'administration publique du Canada) à 2020, toutes les administrations canadiennes que ce soit au niveau fédéral ou territorial n'ont fait que mettre en place des mesures pour le renforcement et la redynamisation de l'administration publique canadienne. Donc il y a des questionnements sur divers sujets et dans divers domaines etc pour perfectionner l'action des services publics canadiens.
Et cette envie de continuer à avancer et à parfaire est un bon signe.
Mais alors, quand nous décidons de parfaire, devons-nous restreinte notre capacité à ouvrir les portes et les fermer autant de fois que possible jusqu'amélioration parfaite de nos ressources ou pas ?
Quand nous décidons de faire évoluer, dévons-nous réfléchir sur les éventualités toutes autant qu'elles soient et nous approcher au plus près de ce qui est du meilleur ou à la couleur du meilleur pour le Canada ou pas ?
Élargir la politique migratoire aux services publics du Canada est-ce quelque chose qui pourrait nous permettre de nous rapprocher à la couleur

du meilleur ?

Élargir la politique migratoire aux sévices publics peut-il faire la différence dans notre volonté d'avoir un service public dynamique et fort ?

Il y a des défis immenses pour les services publics du fait des crises à venir et pour celles qui sont déjà en plein mouvement.

Face à ces défis le Canada doit-il uniquement fermer les portes ou uniquement les ouvrir ou plutôt les ouvrir et les fermer constamment afin de pouvoir faire sortir ce qui est moins meilleur tout en faisant entrer ce qui meilleur ?

Les choix sont vastes et la marche de manœuvre très limitée.

Mais devons-nous pour autant ne pas manœuvrer ou tenter la manœuvre ?

« ***Un pays où il fait bon vivre c'est un pays où l'immigré/étranger peut vivre sans pressions ou oppressions aucune dans le but de travailler pour le bien être du pays où il est accueilli.***

Cela implique un adoucissement des règles de sédentarisation et l'ouverture des portes pouvant permettre l'émergence de l'étranger pour faire de lui le meilleur compatriote et l'ami de tous les jours »

L'élargissement de la politique migratoire aux services publics du Canada est le commencement d'une véritable relation entre le futur collaborateur et nous.

Cet élargissement ne vient pas ouvrir les frontières sans surveillance ou regards, mais vise à, tout en mettant des garde-fous, accroitre, ce qui fait la

Une politique migratoire public et de la nationalité au Canada

L'immigration et sa force dans un pays

spécifié du Canada, les nouveaux venus.

Une politique migratoire public et de la nationalité au Canada
L'immigration et sa force dans un pays

L'unique porte d'entrée de forces : l'immigration

L'immigration est l'unique porte d'entrée sur un pays.
Alors, pourquoi ne pas rendre cette dernière aussi flexible que possible afin de récolter un apport massif pour le développement et la force économique ?
Pourquoi limiter une immigration lorsque cette dernière a des capacités et des compétences recherchées ?
La porte par laquelle tous sont passés est l'immigration, quelque soit ce que tous sont devenus :

- **Le très honorable Sir John Alexander Macdonald**, premier Premier Ministre du Canada, est né à Glasgow en Écosse, Royaume-Uni, le 11 janvier 1815.
  Il arrive avec sa famille à l'âge de cinq ans à Kingston dans la colonie britannique du Haut-Canada (actuel sud de l'Ontario), en 1820.
- **Le très honorable Sir Alexander Mackenzie**, deuxième Premier Ministre du Canada, est né à Logierait en Écosse, Royaume-Uni, le 28 janvier 1822.
  Il arrive au Canada en 1842 après avoir complété son éducation dans des écoles publiques de Perth, Moulin, et Dunkeld, en Écosse.
- **Le très honorable Sir John Joseph Caldwell Abbott**, troisième

Premier Ministre du Canada, est né à Saint-André d'Argenteuil (bas canada) le 12 mars 1821.

Il est le fils du révérend joseph Abbott, missionnaire anglican, née au Royaume-Uni.

- **Le très honorable, Sir Mackenzie Bowell**, cinquième Premier ministre du Canada, est né à Rickinghall (Suffolk, Angleterre), le 27 décembre 1823.

  Il arrive à Belleville (haut Canada) avec sa famille où il fut apprenti au journal local.
- **Le très honorable, Sir Robert Laird Borden,** huitième Premier ministre du Canada, est né le 26 juin 1854 à Grand-Pré, en province de la Nouvelle Ecosse, où son arrière-grand-père fut installée sur les terres acadiennes en 1760.
- **Le très honorable William Lyon Mackenzie King**, dixième Premier Ministre du Canada, est né à berlin, Ontario (aujourd'hui Kitchener) le 17 décembre 1874.

  Son père, William Lyon Mackenzie, est un journaliste et homme politique Ecossais-canadien, qui migre au Haut Canada en 1820.

La liste est longue et même très longue jusqu'à ceux d'aujourd'hui dont l'origine remonte à une immigration au Canada.

La question est : l'immigration a été ou non une porte pour rencontrer des profils et des personnes qui ont fait leur part pour le Canada ?

La porte n'a-t-elle pas été ouverte pour que ces personnes puissent développer et améliorer le quotidien de tous ceux qui vivent sur cette terre du Canada ?

A-t-il existé une autre porte ?

Ont-ils emprunté une autre porte pour que le Canada soit gouverné, ait un gouvernement, ait une population d'entrepreneurs, ait un ensemble de connaissances et de scientifiques etc. ?

Quel chemin a existé pour atteindre le but ?

Un seul instrument était présent et se présentait, c'était l'immigration.

Devons-nous traiter cet instrument comme le traite les autres nations ?

Devons-nous accueillir cet instrument comme l'accueille toutes les autres nations ?

Comment les grands partis politiques actuels auraient-ils été sans cet instrument qui fut à l'origine de leurs fondateurs ?

Comment le Canada qui est aujourd'hui un ensemble aurait-il pu être si cet instrument n'avait pas été présent pour répondre à ce besoin de nouveauté et de grandeur et d'harmonie ?

Comment dites-nous comment ?

Comment, sans cette approche différente, ce pays serait-il à ce jour ?

Par quel moyen aurait-on pu passer pour que ce pays soit ?

Ne devons-nous pas être reconnaissants vis-à-vis de cet instrument qui nous

Une politique migratoire public et de la nationalité au Canada

L'immigration et sa force dans un pays

a été communiqué et l'utiliser afin de nous souvenir d'où nous venons ?

Utiliser cette porte serait-il mauvais pour le Canada ou plutôt quelque chose de meilleure ?

La porte existe depuis toujours, mais reconnaissons que c'est une porte ?

La porte de la force est-elle acceptée par les politiques menées ?

La porte qui donne à cette terre plus de force, plus de vigueur que ce soit dans les situations d'échecs ou de troubles, doit-elle être négligée ou abordée comme un simple instrument ?

Si cette porte a été instituée pour quelque chose de meilleure , pourquoi ne pas l'ouvrir et lui donner de nous montrer ce qu'elle peut contenir comme forces ?

Printed by Books on Demand GmbH, Norderstedt / Germany